L'éruption du Nevado del Ruiz
Armero, quelques mois plus tard...

Alain Joubert

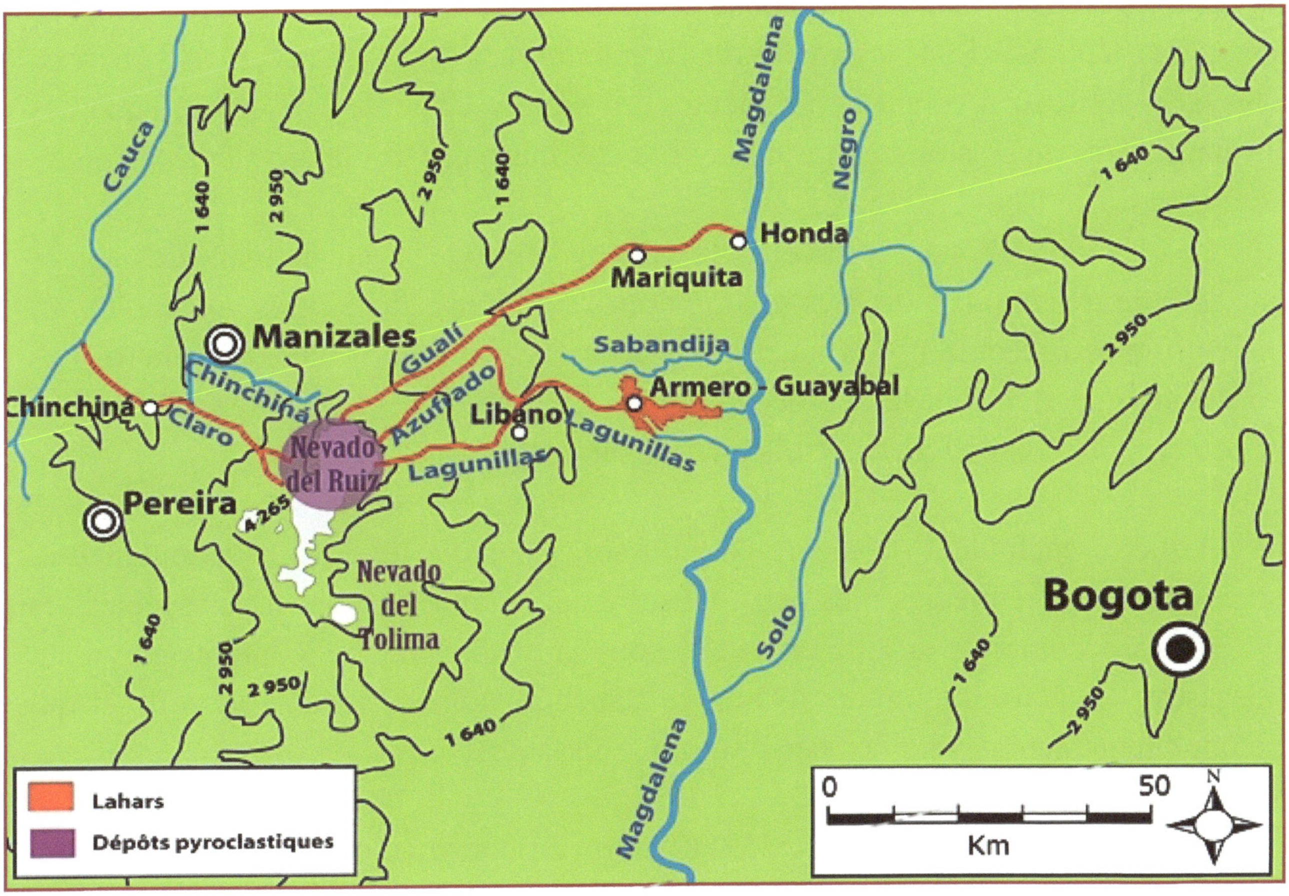

Préface

Le volcan Nevado del Ruiz, surnommé le "lion endormi", est situé au centre de la Colombie sur la cordillère des Andes et culmine à 5 321 mètres d'altitude. Son sommet principal abrite le cratère Arenas qui mesure un kilomètre de diamètre et 240 mètres de profondeur. Le Nevado del Ruiz, est un stratovolcan de taille moyenne, légèrement conique, composé de strates de coulées de lave solidifiées et de dépôts de téphras. Son sommet relativement plat est recouvert de glaciers. Le Nevado del Ruiz a connu de fréquentes éruptions. Celle de 1985 a été l'une des plus meurtrières de l'histoire en rasant la ville d'Armero par des lahars dévastateurs.

Le Nevado del Ruiz se réveille le 10 novembre 1985 en donnant des signes d'une activité très inquiétante. Les sismographes sont tous saturés. Les volcanologues et scientifiques préconisent l'évacuation de toute urgence de la ville d'Armero. Les autorités de l'époque font la sourde oreille. Trois jours après cette alerte, le volcan entre en éruption vers 15 h en détruisant tout sur son passage.

Armero, en foulant de mes pieds ton sol, je revois les images insoutenables relayées par tous les médias : les gens enlisés dans la boue du volcan, les secouristes fouillant les décombres, la ville ensevelie sous la cendre, les hélicoptères survolant ce désastre, les yeux implorants d'Omayra Sànchez, coincée jusqu'à la taille et qui s'éteignait lentement devant des personnes impuissantes.

Derrière le regard d'Omayra, 25 000 morts ou disparus, dont 22 000 à Armero. Une immense coulée de boue chaude avait enseveli la ville blanche, surnommée ainsi pour ses plantations de coton.

Amero sous les lahars - Tolima

Quelques mois venaient de s'écouler depuis cette terrible catastrophe. Une coulée de boue d'une largeur de 300 mètres avait entraîné d'énormes blocs de pierre sur plus de 70 kilomètres. A l'entrée de la ville d'Armero se trouvaient les décombres d'une station de service qui avait explosé sous le choc de l'avalanche. La centrale électrique qui alimentait la ville avait été complètement enlisée. Il n'y avait plus d'électricité dans la ville.

Des croix en bois portant les noms des disparus, étaient plantées çà et là sur l'ancienne coulée. Plusieurs familles agenouillées devant elles, se recueillaient en priant. Un peu plus loin, un jeune garçon en creusant le sol venait de découvrir des ossements humains.

L'hôpital de la ville avait été enlisé sur 3 étages. Seul, son toit en terrasse avait été épargné et avait pu permettre les atterrissages de fortune aux hélicoptères de secours. Une seule chose avait pourtant résisté à cet enfer : le coffre-fort de la banque centrale de la ville, reposant ironiquement sur ce désert de boue.

Sur le côté Est de la ville, on pouvait voir encore quelques ruines. Il y avait là, des habitations écroulées, des carcasses de voitures brûlées, des ustensiles ménagers et des jouets d'enfant éparpillés, une poupée désarticulée... La pendule s'était arrêtée à 23h30 ce 13 novembre. La vie n'existait plus à Armero.

Un peu moins d'un an après la catastrophe, le pape Jean-Paul II, lors de sa venue en Colombie, s'est recueilli quelques minutes à Armero. Une immense croix a été érigée sur l'ancien emplacement de la cathédrale. Le pape a ensuite visité les camps de réfugiés de Lérida avec le président colombien Betancur et a solennellement déclaré, le site d'Armero "terre sainte".

Coulée principale - Armero - Tolima

Palais de Justice de Bogota bombardé

Retour sur une catastrophe annoncée

Il fait nul doute, que le gouvernement colombien aurait du prendre toutes les mesures d'évacuation de la population dès l'annonce faite par les scientifiques de l'éruption éminente du volcan. Cette hécatombe humaine aurait été alors en grande partie épargnée.

Mais en 1985 le gouvernement colombien, qui est trop préoccupé à rétablir un semblant de paix dans son pays, a été totalement dépassé par l'ampleur de la catastrophe. Les tragiques évènements du Palais de Justice de la capitale, témoignent de l'importance de cette période de cahot.

Une semaine avant la catastrophe d'Amero, le 6 novembre 1985, un commando de 35 guérilleros, sous l'ordre de Pablo Escobar, le plus grand baron de la drogue, qui a mit la Colombie à feu et à sang pour amasser plus de 40 milliards de dollars, prend d'assaut le Palais de Justice de Bogota. Il parvient à prendre le plein contrôle du bâtiment, et prend en otages 350 personnes, parmi lesquelles onze juges de la cour suprême. Le groupe rebelle fait diffuser un communiqué dans lequel il exprime sa volonté d'organiser un procès du président Belisario Betancur et veut reprendre les négociations pour libérer ses partisans. Le président Betancur refuse de négocier avec les rebelles, et les forces armées colombiennes interviennent au Palais de Justice : chars d'assaut, unités d'élite et hélicoptères. Le bilan est lourd avec plus de 60 morts.

Le gouvernement colombien sort complètement ébranlé de cette attaque et l'image du président Betancur subit alors un rude coup, mais qui sera quelque peu effacé par l'immensité du drame vécu à la suite de l'éruption du volcan Nevado Del Ruiz. La large couverture de cette tragédie par tous les médias avait attiré l'attention du monde entier sur ce désastre. Cela avait eu pour conséquence, de déclencher la controverse sur l'incompétence du gouvernement colombien qui n'avait rien fait pour la prévenir. Une banderole avait même été déployée à Ibagué où l'on pouvait lire : *"Le volcan n'a pas tué 23 000 personnes. Le gouvernement les a tuées"*.

Néanmoins, quoiqu'en dise l'opinion public, le gouvernement dans son ensemble a agi de manière responsable, mais n'a pas eu suffisamment d'information précise de la part des scientifiques. Ainsi, la catastrophe n'a pas été causée par une inefficacité technologique ou une détectivité, ni par une éruption écrasante ou par une improbable course de malchance, mais plutôt par une erreur humaine cumulative et par un jugement erroné, l'indécision et la myopie bureaucratique. Armero n'aurait pu faire aucune victime, et c'est là que réside son immense tragédie.

Police Montée - Bogota

Coulée principale - Armero - Tolima

Coulée principale - Armero - Tolima

Coulée terminale - Armero

Le 13 novembre en début d'après midi, une violente explosion se produit au sommet du Nevado del Ruiz. Les volcanologues avertissent de nouveau les autorités, mais celles-ci n'en tiennent pas compte.

En début de soirée, le volcan entre en éruption en générant une série de coulées de lave qui déferlent sur le large sommet recouvert de glace. Vers 23h , l'éruption est à son apogée. La chaleur des coulées pyroclastiques et la pluie diluvienne font fondre une bonne partie du glacier. Les jets de bombes, faites de lambeaux de lave incandescente et d'autres débris rocheux se projettent sur le sommet et les côtés du volcan, formant des "lahars", coulées boueuses à débris de roches volcaniques de toutes tailles et qui affectent les pentes raides des volcans. Les coulées de boue rejoignent les cours d'eau des vallées d'Armero et se déversent maintenant sur la ville et les environs.

C'est seulement une dizaine de minutes avant la catastrophe, que les autorités se rendent compte qu'un torrent de boue dévastateur est entrain d'arriver sur la ville et très peu de personnes entendent l'alerte. À cette heure tardive, les chaînes de télévision diffusent des séries diverses et variées et la radio émet essentiellement de la musique. L'alerte n'a donc jamais été entendue par la plupart des habitants et il est trop tard pour une évacuation.

La pluie de cendre s'intensifie et une importante colonne de fumée jailli du cratère. Les explosions teintent de rouge les nuages environnants du volcan. Des morceaux de ponce et de lapillis sont projetés sur une vingtaine de kilomètres. La pluie diluvienne redouble.

Peu avant minuit, la ville d'Armero qui n'a pas été évacuée, est submergée par ce fleuve de boue qui progresse à plus de 60 km/h dans le fleuve Lagunilla et dans la vallée Mariquita.

Il y a eu deux coulées de boue. Une première coulée de boue froide, d'une hauteur d'un mètre avec une vitesse de propagation d'environ 40 km/h. Elle s'est réchauffée ensuite jusqu'à devenir brûlante, précédent d'une vingtaine de minutes une deuxième coulée de 6 à 8 mètres de hauteur qui dévasta tout sur son passage. En quelques minutes, Armero fut rayée de la carte.

Armero Côté Est

Les 5000 survivants furent traînés en majeure partie sur plus de 15 kilomètres dans cette boue brûlante. C'était affreux, les gens affolés croyaient à la fin du monde.

Le lendemain matin, Armero était recouverte d'une dizaine de mètres de boue solidifiée. À l'ouest du Nevado del Ruiz, la ville de Chinchiná fut également durement éprouvée. Après la catastrophe d'Armero, les premiers secours sont organisés par les sinistrés eux-mêmes, des actions de sauvetage sont mises en œuvre par les habitants qui réussissent, grâce à une aide mutuelle, à se réfugier sur les collines.

Les secouristes, venus bien trop tard, ont eu d'énormes difficultés pour progresser dans cette boue, qui rendait presque impossible toute avancée sans risque de s'enliser. Lorsque les premiers secours arrivèrent le lendemain de l'éruption, la plupart des victimes avaient malheureusement succombé.

Pour couvrir ce désastre, un photographe français, Frank Fournier est venu sur place. De son reportage, on se souviendra que de la photo d'Omayra Sànchez. Image sujet à de grandes polémiques, où l'on voit cette jeune fille de 13 ans, prisonnière des débris du volcan. Ses jambes étaient coincées et elle était également perforée au niveau de la taille par une barre de fer. Au bout de 60 heures de lutte, ses forces l'ont abandonnées et elle s'est mise à mourir devant les personnes présentes, choquées et impuissantes. Ces photos furent publiées dans le monde entier. La presse et l'opinion public se sont indignés : *"comment photographier un enfant qui est en train de mourir au lieu de l'aider ?"*

Pour faire taire cette polémique, le photographe français s'est expliqué : *"Je ne voulais pas quitter cette petite fille. Je suis resté jusqu'à sa mort, à 9h16. Je suis resté 3h avec elle. Il faut comprendre que quand il y a ce genre d'accidents, sortir quelqu'un qui est coincé est pratiquement impossible. Non seulement, il faut des grues ou des bulldozers pour soulever les murs, mais il faut surtout des équipes médicales et de sauvetage très compétentes : pour Omayra, le pan du mur qui la coinçait était comme un garrot et lui bloquait le sang. Quand vous le soulevez, le*

Omayra Sànchez   Photo Frank Fournier

Armero Côté Est

La nuit du 13 novembre fût effroyable. De nombreuses personnes ont pu heureusement s'échapper de cet enfer en prenant leur véhicule, mais avec tous ces gens qui fuyaient dans l'obscurité, la centrale électrique en amont de la ville avait été détruite, il y a eu plusieurs centaines de personnes écrasées par les voiture. Un automobiliste à lui seul, a roulé sur une cinquantaine de personnes. Heureusement, il a été arrêté par la police quelques semaines plus tard.

De nombreux habitants ont pu se sauver en se réfugiant sur les collines environnantes tout comme, un paysan de Mariquita qui m'expliquait que lui et sa famille se trouvaient dans leur ferme située dans la vallée du Rio Guali, quand, vers 23h, ils furent réveillés par le bruit de leurs bêtes. Elles paraissaient prises de démence et couraient dans tous les sens. Sentant un danger imminent, ils se réfugièrent sur la colline, et de là, se déroulait sous leurs yeux une scène hallucinante. Une coulée de boue s'engouffrait dans la vallée, dévastant tout sur son passage. Ils virent leurs bêtes, qui leur avaient sauvé la vie, disparaître sous l'avalanche. Le gouvernement Colombien les ont indemnisés pour ce sinistre, mais seulement d'un montant estimé à un dixième de leur exploitation.

En retournant sur mes pas, j'aperçois une épaisse fumée noire. Un camion citerne d'essence a pris feu et menace à tout moment d'exploser. C'est alors qu'une enfant d'une dizaine d'année se précipite vers moi et me supplie de la prendre avec elle. A la vue de toute cette fumée elle s'affole, pleure, crie. Ce n'est qu'au bout de plusieurs minutes que j'arrive à l'apaiser. Elle se calme alors et tout en hoquetant, elle m'explique qu'elle est une des survivantes d'Armero, qu'elle a été secourue lors de la catastrophe, mais qu'elle est depuis seule et sans famille.

De la montagne avoisinante à 1 200 m d'altitude, le Nevado del Ruiz, situé à une quarantaine de kilomètres se découpe sur le bleu du ciel. Une épaisse colonne de fumée blanche sort du cratère. Une autre éruption doit avoir lieu bientôt, d'après Haroun Tazieff qui avait été appelé sur les lieux.

la ville d'Armero grandit sous la menace de celui que l'on surnomme "le lion endormi". Actuellement, 7% de la population colombienne vit sous la menace du

Nevado del Ruiz. De nombreuses familles refusent de quitter les lieux malgré les risques encourus. Les habitants pourtant conscients du danger, ne veulent pas aller ailleurs, et puis pour aller où quand on ne possède que le salaire minimum de 18 000 pesos par mois pour vivre.

Coulée secondaire- Armero

Sur les hauteurs de Mariquita, le gouvernement colombien a fait installer des tentes de secours à la hâte, mais celles-ci ne sont pas assez nombreuses et prévues seulement pour quelques centaines de personnes.

Un espoir renaît, car certains enfants survivants de la catastrophe ont eu la chance de retrouver plus tard leur famille grâce à la fondation Armando Armero. Créée en 2012, cette fondation tente de remettre en contact les familles avec leurs enfants rescapés et séparés dans la tragédie causée par l'éruption du Nevado del Ruiz.

Pour compenser ses tragiques erreurs de non-prise en compte de la catastrophe qui s'annonçait, le gouvernement colombien a construit une ville voisine, Letida, pour reloger les rescapés. "Miracle de la Colombie", il y a eu plus de rescapés que d'habitants avant la catastrophe. Cette confusion s'est prolongée lors de la mise en route de la phase de reconstruction. Un groupe de sinistrés a reçu plus de 30 propositions différentes émanant d'organismes d'aide publics et privés alors que d'autres sont oubliés. De même, la "déresponsabilisation" des sinistrés se poursuit : le fait que les sinistrés reçoivent une aide mensuelle de l'Etat d'un montant de 4 500 pesos conduit certains sinistrés à rester chez eux au lieu de chercher un travail.

Plus de trente ans après, deux sœurs orphelines, Jaquelin Sanchez et Lorena Santos qui avaient été séparées et adoptées par des familles différentes, ont pu être de nouveau réunies. Selon Jaquelin, au moment de la catastrophe Lorena était avec une nourrice qui n'ayant pas de nouvelle de la mère l'a ensuite remise à l'orphelinat de l'Institut colombien du bien-être familial, ICBF, qui a géré l'adoption.

Le volcan est désormais en constante observation afin de protéger au mieux les centaines de milliers de personnes vivant dans les vallées à ses pieds.

Maintenant, quand les gens d'ici nous disent : "votre fille adoptive Angelica, est-elle une survivante d'Armero" ? Notre Cœur se serre et nous pensons à tous ces enfants disparus...

Nevado Del Ruiz - Tolima

Géoparc du Nevado del Ruiz

Et les oiseaux d'Armero,

Grand Ara jaune et bleu -Tolima

Toucan de Swainson

Hibiscus

Bientôt renaîtront...

Fleur de Coton

Récolte du Coton - Tolima

Orphelinat de l'Institut colombien du bien-être familial - Tolima

Photographies : Alain Joubert

Page 15 : Omayra Sànchez - photo Franck Fournier